ORGANIZA TU ECONOMÍA DOMÉSTICA

Como organizar tu economía doméstica, pagar tus deudas, liberarte y dormir tranquil@

YOLANDA JIMENEZ LOPEZ

ORGANIZA TU ECONOMÍA DOMÉSTICA

Queda rigurosamente prohibida, sin la autorización escrita del titular, bajo las sanciones establecidas en las leyes, la reproducción parcial o total de esta obra por cualquier medio o procedimiento, incluidos la reprografía y el tratamiento informático, así como la distribución de ejemplares mediante alquiler o préstamo públicos

Contenido

¿POR QUÉ TE INTERESA ESTE LIBRO? 5

¿A QUIÉN VA DIRIGIDO ESTE LIBRO? 10

PASO 1 18

    Una deuda, un problema. Dos deudas, dos problemas..18
    ¿Qué creencias tienes asociadas al dinero?........ 21
    ¿Cuál debe ser la actitud respecto a nuestra economía familiar?... 24

PASO 2..30

    Punto de partida.. 30
    Presupuesto y desviación.. 32

PASO 3 39

    Listado de deudas 39
    Tipos de deudas.. 42

PASO 4 51

  Trabajando los ingresos... 51

  Trabajando el Ahorro.. 55

PASO 5..61

  Trabajando los gastos... 61

  Marketing, marketing y marketing...................... 70

  Los bancos 78

PASO 6... 87

  Que tu dinero trabaje para ti............................. 87

PASO 7 102

  Libérate 102

¿POR QUÉ TE INTERESA ESTE LIBRO?

En noviembre de 2.019 la directora gerente del Fondo Monetario Internacional Kristalina Georgieva advirtió que la deuda global tanto pública como privada alcanzó el nuevo récord de 188 billones de euros, una cifra equivalente al 230% del producto interior bruto o PIB mundial. Uno de los principales problemas es que este nivel elevado de deuda hace que muchos gobiernos, empresas y hogares sean vulnerables a un endurecimiento repentino de las condiciones financieras. Otro dato importante es que por ejemplo en España a finales del 2.019 la deuda de los hogares se había ido estabilizando pero porque habían descendido los préstamos destinados a la compra de la vivienda ya que la deuda por los préstamos destinados al consumo se habían elevado respecto al cierre de 2.018.

En octubre de 2017 el Fondo Monetario Internacional ya había alertado que los hogares habían aumentado considerablemente sus deudas tras el fin de la crisis financiera mundial que se había desencadenado a finales de la década anterior. Este hecho, según informó el citado organismo, aumentaba la probabilidad de comienzo de otra recesión bancaria y la consiguiente ralentización del crecimiento económico. En principio, el aumento de deuda en los hogares se debe a la confianza generada por una menor tasa de paro y el mayor crecimiento económico, pero si no se controla puede desembocar en otra quiebra del sector bancario. Este efecto es mucho más acentuado en las economías avanzadas, ya que el nivel de deuda de sus hogares supera al de las economías de los países emergentes, donde la participación en el mercado del crédito es menor.

En estas últimas décadas, la deuda de los hogares ha aumentado espectacularmente. Como ejemplo tenemos la deuda por tarjetas de crédito de los estadounidenses, que en 1989 ascendía a 211 mil millones de dólares y en 2016 la cifra superaba el 1 billón de dólares, la misma cantidad que los estadounidenses debían en préstamos estudiantiles.

En ese mismo periodo, las ejecuciones hipotecarias se habían cuadriplicado.

Como puedes ver, si tu nivel de deudas es elevado en estos momentos, no eres el único; la mitad del globo está igual que tú. Pero no por ello debemos dejarnos llevar por la corriente. Es muy importante vivir liberado de deudas y no entrar en la espiral de gastos y consumo a crédito en la que viven muchas personas.

"Imagina que vas a preparar la cena y necesitas una cebolla, vas a buscarla donde tienes las hortalizas y coges una que tiene una primera capa que está empezando a pudrirse. La dejas allí y coges otra que está perfecta porque tienes prisa y piensas que esa cebolla tiene salvación, mañana la cogerás, limpiarás esa capa y la podrás utilizar. Al día siguiente pasa lo mismo y así sigues durante dos semanas. Al final tu cebolla se ha podrido y ha contagiado a dos más. Esto que les pasa a tus hortalizas se puede extrapolar a la economía doméstica, si no pones remedio a tiempo puedes tener un verdadero caos en tus finanzas, al primer síntoma busca una solución."

La buena noticia es que podemos salir de la espiral y de las deudas mediante organización, constancia y paciencia. Siguiendo las claves que te doy en este libro, organizarás tu economía familiar, pagarás tus deudas y te liberarás. Tu hogar, familia y salud lo agradecerán, ya que las preocupaciones que tenemos por no poder llegar a final de mes o por tener un alto nivel de endeudamiento hacen que nuestra salud se resienta, provocándonos insomnio, ansiedad o depresión. Los beneficios que obtendrás al liberarte harán que valga la pena el esfuerzo.

Al finalizar la lectura de este libro, tendrás los recursos necesarios para tomar las decisiones financieras correctas y que tú economía doméstica mejore día a día hasta alcanzar el objetivo que te hayas propuesto, ya sea salir de los números rojos o hacer que tu dinero crezca y trabaje para ti.

TRUCO DE AHORRO: Lo importante es introducir el hábito de ahorro en nuestras vidas, para ello empezaremos a utilizar el truco de ahorro de las 52 semanas, pero más fácil. Empezarás un lunes y guardarás un euro, el martes guardarás dos euros, el miércoles guardarás tres euros y así sucesivamente hasta el domingo que guardarás siete euros. El total de euros guardados en una semana es de 28 euros. Si haces esto durante las 52 semanas del año, al final del mismo tendrás 1.456 euros. ¿No está nada mal para unas vacaciones verdad?

¿A QUIÉN VA DIRIGIDO ESTE LIBRO?

¿Quieres organizar tu economía familiar para tener excedentes cada mes y vivir más tranquilo? ¿Estás en números rojos cada mes y ya estás harto de la situación?

¿Las deudas están afectando a tu salud?

¿Quieres lograr una estabilidad financiera en tu vida?

¿Quieres liberarte de las deudas de tu hogar?

Si has contestado que sí a alguna de estas preguntas, este es tu libro. Un libro para que el ciudadano de a pie pueda salir de las deudas y organizar su economía.

El mundo es cada vez más tecnológico, más consumista y frenético. Estamos inmersos en una economía capitalista de grandes empresas, emprendedores y tecnología, cada vez más veloz y creada entre todos. Con estos escenarios acelerados ante nuestros ojos, uno de los principales errores de nuestra sociedad es no reflexionar. Inmersos en tanta vorágine, nuestros deseos han de ser satisfechos de inmediato, estamos acostumbrados a tener todo al momento. Con el espectacular avance tecnológico de los últimos años, y con las redes sociales e Internet como puntos de información y comunicación, esta velocidad es cada vez más importante. Es la CULTURA DE LA INMEDIATEZ, y no lo debemos permitir. Tenemos que meditar qué camino queremos seguir en la vida y, lo que es más importante, enseñar a nuestras generaciones futuras a reflexionar antes de tomar decisiones trascendentales.

La publicidad nos hace creer que somos lo que tenemos y no es así, somos lo que somos y las cosas son cosas aunque la publicidad nos quiera hacer creer lo contrario. Es el llamado marketing aspiracional donde se quiere hacer creer al consumidor que NECESITA por ejemplo una vivienda grande con habitaciones para cada hijo, dos o tres cuartos de baño, cocinas con aparatos profesionales y por supuesto llenar todos esos metros cuadrados de sofás, televisores, ordenadores, sillas, mesas, etc....Si no lo hacemos nos creemos que no hemos triunfado. Lo mismo pasa con los móviles ya que identificamos a las personas por los móviles que tienen. Muchos padres compran a sus hijos los mejores móviles ya que a los hijos les hace estar a un nivel superior respecto a sus amigos.

Está claro que el círculo consumista en el que estamos inmersos hace que nos creemos unas necesidades que realmente no tenemos. Estamos dentro del mundo de comunicación de masas en que los publicistas nos bombardean con el mensaje de que la acumulación material es la medida del éxito, diciéndonos que si quieres más estatus tienes que comprártelo en lugar de ganártelo. Por este motivo hemos de ser NOSOTROS los que valoremos que es lo que realmente necesitamos y queremos, sin dejarnos llevar por el marketing de masas del que hemos hablado, somos los que tenemos que administrar nuestra economía familiar para ver si realmente nos lo podemos permitir y como hemos de actuar para conseguirlo.

La administración de las finanzas familiares es uno de los pilares fundamentales de nuestra vida presente y futura. Debemos pensar muy bien hacia dónde la queremos encaminar y qué itinerarios vamos a elegir para gozar de una situación financiera estable y saludable. Lo agradeceremos a largo plazo, tanto a nivel económico como de salud. Para ello, es esencial conocer y entender la economía doméstica. No en vano el dinero, los ingresos y los gastos que tenemos son uno de los ejes fundamentales de nuestra vida. La relación que establezcamos con el dinero influirá en nuestras vidas, la de nuestros familiares, en nuestra educación y nuestro poder adquisitivo, así como también en las posibilidades para hacer frente a situaciones inesperadas que nos pueden afectar, por ejemplo, estar una temporada sin trabajo o la aparición de una crisis económica estatal o mundial. SI NO

TOMAMOS MEDIDAS EN EDUCACIÓN FINANCIERA, ACUMULAREMOS PROBLEMAS PARA EL FUTURO.

Cada vez más, los países, conscientes de la poca capacidad de ahorro de sus habitantes, emprenden programas de educación financiera o, lo que es lo mismo, dotan a los ciudadanos de herramientas para que comprendan cómo funciona el dinero en la economía, cómo una persona lo obtiene (gana), lo administra, lo invierte y lo dona para ayudar a los demás. Lo importante es tomar decisiones correctas estando informados de todos los recursos financieros a nuestro alcance.

Todos tenemos que tomar conciencia del ahorro, difícil pero no imposible, cómo lo podemos hacer crecer y cómo lo debemos gastar. También es básico saber qué técnicas utilizan las entidades bancarias, las grandes superficies o internet para impulsarnos a comprar y/o endeudarnos.

Hay un dato muy curioso que había leído alguna vez y no me podía creer: entre el 60 y el 70% de las personas a las que le toca la lotería al cabo de cinco años son más pobres que cuando les había tocado, ya no les queda ni un céntimo del premio. Cuando lo piensas estás seguro de que a nosotros no nos puede pasar, que no puede ser verdad, otra fake news...pero no es así. Es un dato real, el Fondo Nacional para la Educación Financiera (NEFE) apunta que el 70% de los ganadores de una lotería se gasta todo el premio en solo cinco años ya que cuando esa persona recibe tanto dinero de golpe se desequilibra porque se produce un impacto emocional muy elevado. Este impacto deriva en emociones de alta intensidad de satisfacción y euforia que hacen que se sienta poderosa y capaz de afrontar lo que sea por lo que acaba tomando decisiones ilógicas e irracionales con respecto a negocios o compras caras debido al desconocimiento financiero y la mala gestión del dinero. Como verás este es otro ejemplo para que tengamos un mínimo de conocimiento financiero y un mínimo interés en tener una economía organizada.

Sigue los pasos que te voy a dar a continuación y tendrás herramientas muy útiles para organizar tu economía.

*"**REGLA DE PARETO**: La Ley o Principio de Pareto, también conocida como la Regla del 80/20 (ó 20/80), establece que, de forma general y para un amplio número de fenómenos, aproximadamente el 80% de las consecuencias proviene del 20% de las causas.*

Vilfredo Federico Pareto (1848-1923) fue un ingeniero, sociólogo, economista y filósofo italiano, cuyo Principio o Ley nos puede servir de referencia para centrarnos en lo que realmente importa, en lo que nos puede dar mayores satisfacciones con menores esfuerzos, sin malgastar energías y recursos en obtener pobres resultados. Este concepto es muy importante en nuestra economía doméstica. Si nos concentramos en hacer un presupuesto correcto y nos intentamos ceñir a él tendremos un gran camino ganado. Podemos hacer también un menú semanal de comida, así tendremos también la planificación de compra. Según el principio de Pareto habremos realizado un esfuerzo inicial del 20% que nos repercutirá en un bienestar del 80%."

PASO 1

Una deuda, un problema. Dos deudas, dos problemas...

El dinero no da la felicidad, pero procura una sensación tan parecida, que necesita un especialista muy avanzado para verificar la diferencia

Woody Allen

El primer paso para romper con todas las deudas es el más difícil, aunque, sin darte cuenta, ya lo has hecho. Lo tienes delante de tus ojos: has tenido la curiosidad, la preocupación o la inquietud de tener este libro entre tus manos, quieres saber sobre el tema y quieres conocer los mecanismos para poder ahorrar y para no tener deudas. Quizás has pensado que hasta aquí has llegado con este problema, que esto no puede continuar, todos los meses tienes problemas con tus pagos o estás en números rojos. **Sea como sea, el primer paso para solucionar el problema es reconocerlo y aceptarlo, el segundo es poner toda la voluntad en solucionarlo** y porqué no, pedir

ayuda si crees que por ti solo no puedes hacerlo. Muchas personas van anestesiadas por el mundo, y sin darse cuenta entran en una espiral de deudas de la que después es muy difícil salir, sobre todo cuando tienes que contraer nuevas deudas para hacer frente a las viejas. Ese es el momento crítico en el que muchas personas comprenden los errores cometidos y no saben cómo desenredar la madeja. Pero si estás en cualquier momento del problema, tengo que felicitarte porque TE HAS DADO CUENTA, has tomado conciencia y tienes la voluntad de resolverlo. Además, te diré que no te culpes, no eres el primero ni serás el último que tenga deudas. Hoy en día lo raro es no tenerlas. Nuestro sistema capitalista está basado en el consumo, y por eso todos podemos vivir, la rueda no se puede parar. **El problema viene cuando nos endeudamos por encima de nuestras posibilidades.** Tenemos el ejemplo de una tarjeta de crédito. Si la utilizas correctamente y pagas toda la deuda a principios del mes siguiente, no existe ningún problema, pero si empiezas a diferir los pagos porque no puedes hacerles frente, tienes un problema. Vamos a ponernos manos a la obra y a trabajar en la solución.

¡Empecemos!

¿Qué creencias tienes asociadas al dinero?

Todas las personas tenemos creencias asociadas al dinero, que hemos ido adoptando desde nuestra infancia, en nuestra familia, y a las que hemos sumado unas creencias colectivas muy arraigadas. ¿Quién no ha oído alguna vez la frase: «El dinero es la raíz de todos los males!»? Con esta frase pareciera que nos estuvieran diciendo que es mejor no tener dinero, porque si lo tenemos nuestra vida entrará en una espiral de mala fortuna. También es muy sonado el refrán «Pobres pero honrados», como si los pobres nunca hicieran cosas malas y los ricos fueran todos ladronzuelos. Y hay muchas más: «El dinero no es importante», como si pudieras mantenerte del aire el resto de tu vida; «El dinero se hizo para gastarlo», sin tener en cuenta que si no ahorras y lo gastas todo, jamás tendrás algo de libertad financiera para vivir más tranquilo.

Siempre he pensado que los extremos no son saludables. Quien piense que el dinero es lo peor o que el dinero es lo mejor está equivocado. Al fin y al cabo, el dinero es un medio de intercambio para conseguir un fin, para adquirir bienes o servicios que necesitamos. Por lo tanto, es importante para nosotros, para nuestro día a día, para nuestro futuro, pero no lo es todo, obviamente. El dinero no podrá comprar el amor, los amigos, la salud, pero debemos saber gestionarlo. Lo primero que tenemos que hacer, por tanto, es desterrar esas ideas absurdas, esas creencias que nos limitan a la hora de pensar en él. Reprograma tu mente, el dinero no es malo, el dinero ayuda y es importante, al igual que tener unos ahorros para tener cierta seguridad.

Aquí te expongo unos ejemplos de creencias limitantes acerca del dinero que tienes que reconvertir en mensajes positivos:

- La gente que tiene dinero lo hace robando, prefiero ser pobre y feliz. Esta frase, si lo piensas bien, es una tontería. Hay personas felices ricas y pobres, y ladrones ricos y pobres. Este pensamiento lo reconvertiremos en el siguiente: Se puede ser rico y honrado. La honradez tiene que ver con la integridad de las personas, jamás con ser ricas o pobres.

- El dinero no es importante, lo importante es ser feliz. Intenta ser feliz en todas las áreas de tu vida, incluida la económica. Debes ser consciente de que el dinero es tan importante para la felicidad como el amor, la familia, la salud y el trabajo.

- El dinero llama al dinero. Puede ser que las personas con dinero tengan más contactos, pero si en estos momentos no tienes dinero, intenta gestionar tu economía de otra manera para, poco a poco, ir ahorrando y que tu economía crezca. A partir de ahí, medita dónde puedes invertir, sé creativo, y sobretodo piensa que eres tú el que tiene que gestionar tu dinero. Así, tú también habrás llamado al dinero.

-Los ricos tienen dinero, pero son desgraciados. Nada más lejos de la realidad. Reconvierte el pensamiento hacia el siguiente: Intentaré que mi economía mejore para tener más tranquilidad y ser más feliz.

¿Cuál debe ser la actitud respecto a nuestra economía familiar?

Para el buen funcionamiento de nuestras finanzas, todos los miembros de la unidad familiar deben involucrarse en la economía del hogar. En mayor o menor medida, y según la edad, todos deben comprender la importancia de la planificación y que se cumpla lo mejor posible el presupuesto. Cada miembro de la familia debe tener claro cuál es su contribución, no solo con ingresos, ya que no todos los integrantes los tendrán, sino también controlando los gastos que generan. No se trata de hacerlo como una penalización o de echar en cara quién gasta más o lo que gasta cada uno, sino de tomar conciencia del gasto personal de cada integrante. Una buena idea es preguntarles a los adolescentes cuánto gasto piensan que generan mensualmente en el hogar. Es muchos casos, es sorprendente la diferencia entre los números reales y lo que ellos piensan o «creen», ya que casi ninguno se ha hecho nunca esa pregunta. En la mayoría de los casos, la cantidad que intuyen es mucho menor, ya que no incluyen ni comida, ni agua, ni luz, ni saben cuánto se paga al mes de colegio o de material escolar. Solo toman en cuenta la cuota mensual del móvil o la ropa que se les compra, pero ignoran el importe del alquiler o de la hipoteca que se paga mensualmente y si los ingresos familiares cubren todos los gastos. Y sí, un adolescente tiene edad suficiente para saberlo y para entender cómo tiene que organizarse la economía familiar. De ese modo, además, estará aprendiendo para que en el futuro sea responsable de su propia economía. Estas charlas familiares no tienen que ser motivo de discusión o enfrentamiento, sino que deben desarrollarse en un ambiente distendido de información para que, poco a poco, todos se involucren y aprendan a gestionar los recursos.

Para que los hijos aprendan a valorar el dinero, no hay mejor motivación que tener una meta en la que gastarlo. Puede ser una compra, un viaje, una excursión, ir al cine... Tener un objetivo será muy positivo para desarrollar su relación con el dinero. Aunque luego tengas que pagar una parte, anímalos a ahorrar y deja que paguen. La satisfacción que les dará pagar su sueño con «su propio dinero» los animará a ahorrar más.

¿Eres consciente de que tienes que aprovechar todas las oportunidades y de que debes cambiar tu forma de pensar a partir de este mismo momento?

Si tienes muchas deudas y te pasas todo el día pensando en ellas, no haces que desaparezcan, ya que solo estás pensando en el problema y no en la solución. Deja de pensar lastimosamente en fracaso y mala suerte. A partir de ahora serás una persona proactiva, creativa y optimista. Has de vibrar en positivo. Piensa en cómo solucionarás tu problema de deudas, en cómo obtener más ingresos, cómo gestionar tus gastos y cómo ir mejorando tu situación.

Visualiza lo que harás cuando ya no tengas deudas, eso que llevas tanto tiempo soñando. Para llegar a ese punto, necesitarás un poco de paciencia, pero valdrá la pena, ya lo verás. Seguro que no habrás llegado a esta situación en un día. Lógicamente, tampoco podrás salir enseguida. Revertir estas situaciones lleva su tiempo, pero el esfuerzo tendrá su recompensa. Así que vamos a ponernos manos a la obra y pasemos al segundo punto.

TRUCO DE AHORRO: *Este método consiste en introducir a principios de mes en un sobre el porcentaje de dinero del mes que queremos destinar al ocio. En*

caso de que se gaste todo el dinero antes de que finalice el mes, deberemos recurrir a ocio de coste cero y, si sobra dinero a final de mes, lo guardaremos como dinero de ahorro.

RECUERDA:

Paso 1: Reconvierte en mensajes positivos tu relación con el dinero. Involucra a todos los miembros en las finanzas familiares. Sé positivo y aprovecha todas las oportunidades que se presenten.

PASO 2

¡Hay tantas cosas en la vida más importantes que el dinero! ¡Pero cuestan tanto!

Groucho Marx

Punto de partida y presupuesto

Punto de partida

No sabes cómo has llegado a esta situación. Seguramente ha sido un proceso de muchos meses, incluso años, pero la realidad es que no llegas a fin de mes y estás inmerso en una espiral de deudas. También puede ser que, aunque no tengas muchas deudas, quieras acabar con ellas y mejorar tu economía.

Cualquier viaje que quieras emprender, lo harás desde un punto de partida o salida. Lo mismo ocurre con nuestra economía doméstica a la hora de intentar mejorarla. Tanto si estamos en números rojos como si tenemos superávit cada mes, debemos saber cuál es la situación exacta en este momento y, a partir de ahí, nos plantearemos cómo nos queremos ver dentro de un año, de dos o de cinco. Si estamos en números rojos, definiremos el alcance de los mismos, estudiaremos los gastos, los ingresos, los puntos débiles y los fuertes, y nos fijaremos un horizonte temporal para salir de ellos. Si en estos momentos estamos en punto neutro o tenemos superávit, también estableceremos unos plazos para mejorar nuestra economía, qué tipo de inversiones tenemos a nuestro alcance y cómo podemos rentabilizar más nuestro dinero. Es muy importante que nos definamos metas, y si las conseguimos, darnos una recompensa.

Presupuesto y desviación

Hoy en día, debido a la inestabilidad laboral, los precios de la vivienda, los sueldos precarios y la sociedad consumista en la que estamos inmersos, es difícil cuadrar nuestro presupuesto mensual. Las familias se ven lanzadas a un entramado de gastos que sin darse cuenta los lleva a números rojos y a un presupuesto económico con la balanza a favor de los pagos.

El presupuesto servirá para controlar las cuentas del hogar y será el punto de partida para nuestro viaje económico. No importa dónde lo hagas, en una hoja, en un Excel (te será más práctico) o en una aplicación de control de presupuestos domésticos. Lo importante es que calcules en columnas los ingresos y los gastos que vas a tener en los siguientes doce meses. Si los sabes exactos mejor; si no haz un cálculo aproximado.

En la columna de los ingresos anotaremos todas las entradas de dinero que provengan de salarios, pagas extras, bonus, pensiones, intereses de cuentas bancarias, cobro por alquileres, dividendos, subvenciones, ingresos por ventas, ingresos extras…

En la de gastos anotaremos todas las salidas de dinero de nuestra cuenta bancaria.

A su vez, los gastos los dividiremos en tres partidas:

GASTOS FIJOS OBLIGATORIOS: Estos gastos no varían mucho de mes a mes y no se pueden dejar de pagar ya que, si no generarían intereses y gastos de demora, además de entrar en listas de morosos, lo cual dificulta el acceso a créditos. Estos gastos serán hipoteca, alquiler, cuotas de préstamos…

GASTOS NECESARIOS: Son aquellos que se pueden reducir si moderamos el consumo. Estos son los gastos de comida y manutención; suministros, como electricidad, agua, gas, comunicaciones; ropa, comunidad. También incluiremos el pago de colegios y formación. Son los llamados gastos de necesidad.

GASTOS OCASIONALES: Los podemos dar de baja sino llegamos a fin de mes. Normalmente son extras que se derivan de deseos, como vacaciones, las salidas de fines de semana, las cenas o comidas con familiares y amigos, caprichos...

Al final de la columna de cada mes tendrás el resultado de los ingresos menos los gastos, y podrás ver en qué mes cojeas de efectivo y si lo puedes suplir con el excedente de otro mes. El saldo de final de mes será el saldo inicial del mes siguiente.

Una vez completada la hoja de cálculo, viene lo más importante: anotar mes a mes, en cada categoría y en una columna paralela, todos los gastos e ingresos. Así verás si has tenido alguna desviación entre la cantidad presupuestada y la real, ya que puedes hacer un presupuesto perfecto, pero si luego no controlas que se cumpla, no servirá de nada. Apúntalo todo, hasta cinco euros que hayas gastado en cualquier tienda. Esto te dará una idea clara de hacia dónde va tu dinero. Aquí tienes un ejemplo de cómo quedará tu presupuesto:

PRESUPUESTO FAMILIA ANUAL	ENE. PRES.	ENE. REAL
Saldo Inicial tesorería	150,00 €	150,00 €
Ingresos		

Nóminas	2.000,00 €	2.050,00 €
Intereses ctas. Bancarias y dividendos	25,00 €	25,00 €
Alquileres	150,00 €	150,00 €
Ingresos extras	25,00 €	15,00 €
TOTAL INGRESOS	**2.200,00 €**	**2.240,00 €**
Gastos Fijos Obligatorios		
Cuota hipoteca/Alquiler	650,00 €	650,00 €
Cuota préstamo auto	175,00 €	175,00 €
Cuota Tarjeta 1	25,00 €	25,00 €
Cuota Tarjeta 2	120,00 €	120,00 €
Cuota tarjeta 3	75,00 €	75,00 €
Cuota préstamo 1	150,00 €	150,00 €
Cuota préstamo 2	25,00 €	25,00 €
Cuota préstamo 3	115,00 €	115,00 €
Total Gastos Fijos Obligatorios	**1.335,00 €**	**1.335,00 €**
Gastos Necesarios		
Agua	10,00 €	10,00 €
Gas	20,00 €	25,00 €
Luz	30,00 €	50,00 €
Telefonía total	70,00 €	70,00 €
Sanidad		
Seguros	15,00 €	15,00 €
Educación	75,00 €	75,00 €
Comestibles	200,00 €	250,00 €

Limpieza	20,00 €	20,00 €
Ropa	35,00 €	45,00 €
Otros gastos		
Total gasto necesarios	**475,00 €**	**560,00 €**
Gastos ocasionales		
Cenas		
Vacaciones		
Regalos	60,00 €	
Deporte	60,00 €	60,00 €
Entretenimiento		
Otros gastos		
Total gastos ocasionales	**120,00 €**	**60,00 €**
Ahorro		
Fondo de emergencia	70,00 €	70,00 €
Ahorro	200,00 €	200,00 €
Total ahorro	**270,00 €**	**270,00 €**
TOTAL GASTOS+AHORRO	**2.200,00 €**	**2.225,00 €**
TOTAL FINAL DE MES	**150,00 €**	**165,00 €**

TRUCO DE AHORRO: Crea un menú semanal, tiene muchas ventajas¡¡ No solo te asegurarás de tener una alimentación saludable y variada, sino que sabrás exactamente qué comprar en el supermercado y acabarás tirando menos comida!!!

Es algo que necesita mucha previsión, pero que sale a cuenta. <u>Tirar comida es tirar dinero</u>. Es algo difícil de evitar por completo, pero seguro que lo podemos mejorar. Si cada vez que tiramos comida pensamos en lo que nos ha costado, seguro que nos esforzaremos más en evitar que pase.

Cuando vayas a hacer la compra lleva tus propias bolsas, lo agradecerá el medio ambiente y tu bolsillo y compra siempre productos de temporada y de cercanía, verás como te saldrá a cuenta.

RECUERDA:

Paso 1: Reconvierte en mensajes positivos tu relación con el dinero. Involucra a todos los miembros en las finanzas familiares. Sé positivo y aprovecha todas las oportunidades que se presenten.

Paso 2: Haz un presupuesto anual con todos los pagos que vas a tener. Una vez pasado cada mes, apunta en una columna paralela los gastos reales para ver la desviación que has tenido. ¡Manos a la obra!

PASO 3

Nunca gastes tu dinero antes de tenerlo.

Thomas Jefferson

Listado de deudas

Además del presupuesto del paso dos, debes crear otro Excel para el control de tus deudas. Las anotarás todas, ordenadas de menor a mayor importe. Pondrás también la entidad a la que pertenece, el interés y el importe total que te queda de devolución.

A partir de aquí, comenzarás a trabajar para mejorar tu situación. Lo primero que harás es reducir los gastos, ya que esta acción se puede notar inmediatamente de un mes a otro, después buscarás maneras de obtener más ingresos. Si estás en números rojos cada mes, tus objetivos debes dirigirlos a pagar deudas. Los excedentes que tengas tras haber disminuido los gastos y aumentado los ingresos, los aplicarás primero al pago de la deuda de menor importe. No vamos a entrar en el tipo de interés, aunque si tienes que pagar dos deudas del mismo importe y diferente tasa de interés, obviamente te decantarás por pagar primero la que tenga el interés más alto. ¿Por qué lo hacemos así y no elegimos otro orden para pagar? Porque lo importante es ir quitando cuotas de pago, con lo cual obtendrás mayor excedente para pagar la siguiente deuda. Este método se llama «Bola de Nieve» y fue creado por el economista Dave Ramsey hace unas décadas. Creo que es el método más rápido para salir de ellas, ya que cuantas más deudas pagues, más excedente tendrás para pagar la siguiente y se crea un rápido efecto multiplicador.

Te dejo aquí el ejemplo de una tabla Excel de deudas.

Deuda Origen	Cuota mensual	Cap. Pendiente	Interés
Cuota préstamo auto	175,00 €	9.500,00 €	6,9%
Cuota Tarjeta 1	25,00 €	1.000,00 €	18,0%
Cuota Tarjeta 2	120,00 €	1.500,00 €	15,0%
Cuota tarjeta 3	75,00 €	5.000,00 €	20,0%

Cuota préstamo 1	150,00 €	600,00 €	7,0%
Cuota préstamo 2	25,00 €	3.200,00 €	8,0%
Cuota préstamo 3	115,00 €	6.850,00 €	14,0%
Total	685,00 €	27.650,00 €	

Deuda Origen	Cuota mensual	Cap. Pendiente	Interés
Cuota préstamo 1	150,00 €	600,00 €	7,0%
Cuota Tarjeta 1	25,00 €	1.000,00 €	18,0%
Cuota Tarjeta 2	120,00 €	1.500,00 €	15,0%
Cuota préstamo 2	25,00 €	3.200,00 €	8,0%
Cuota tarjeta 3	75,00 €	5.000,00 €	20,0%
Cuota préstamo 3	115,00 €	6.850,00 €	14,0%
Cuota préstamo auto	175,00 €	9.500,00 €	6,9%
Total	685,00 €	27.650,00 €	

Como ves, cuando pagues la primera deuda tendrás 150 € de excedente que podrás emplear en el pago de la segunda deuda, y así agilizar la reducción de tu endeudamiento. Cuando termines con la segunda deuda tendrás 175 € de excedente para pagar la tercera, y así sucesivamente. Con este método, pagarás tus deudas mucho antes de lo que tenías previsto. Si ves que tienes la misma cantidad de devolución de dos deudas, paga primero la que tenga unos intereses más altos.

Normalmente, todas las personas, en alguna ocasión de nuestra vida necesitamos contraer deudas. Podemos endeudarnos con familiares, amigos y, lo más normal, con entidades bancarias o financieras. Cuando llega ese momento, debemos tener en cuenta que existen tres tipos de deudas: deuda buena, deuda mala y deuda tóxica.

Tipos de deudas

La deuda buena es aquella que hemos contraído para ampliar nuestro patrimonio, invertir en nuestra revalorización en el mercado de trabajo o comprar algún bien que nos generará beneficios. Aquí tendríamos los ejemplos de un crédito hipotecario, otro para acceder a un curso importante para nuestro currículum o comprarnos un vehículo que usaremos para repartir paquetes o transporte autónomo. El crédito hipotecario será para una vivienda que queramos alquilar, ya que así conseguiremos ingresos extras cada mes. Podríamos discutir si una hipoteca para una vivienda en propiedad es deuda buena o mala. A priori, es un pasivo para nosotros y por lo tanto deuda mala, ya que, en nuestro balance, y hasta que lo acabemos de pagar, tendremos un pasivo o deuda, pero también es verdad que al final del pago de la hipoteca el inmueble nos pertenecerá y habrá aumentado nuestro activo.

La deuda mala es aquella que hemos contraído y no contribuye a aumentar nuestro patrimonio. Normalmente, es deuda por créditos al consumo. Por ejemplo, financiamos la compra de un coche, vacaciones, aparatos electrónicos o de telecomunicaciones, ropa... Con esta deuda financiamos compras que no podemos pagar con los ingresos del mes corriente, y que contraemos, seguramente, por llevar un ritmo de vida más caro del que nos podemos permitir. Hay que hacer un examen de conciencia sobre a quién están beneficiando estas compras y si realmente no podemos vivir sin ellas. Piensa si vale la pena el esfuerzo que tendremos que hacer posteriormente para poder pagar el crédito o el importe de la tarjeta financiada...

Y la tercera deuda es la tóxica, que es la deuda mala, pero con unas condiciones de pago abusivas, por ejemplo los créditos o las tarjetas *revolving*. El crédito *revolving* es cualquier tipo de crédito que tenga carácter rotativo: el límite del crédito se rebajará o disminuirá en la medida en la que el cliente lo utilice y se restablecerá o aumentará en la medida que el cliente haga pagos para restituirlo. Por tanto, no existe un número determinado de disposiciones máximas que pueda efectuar el cliente. Se le concede un límite o tope máximo de dinero del que puede disponer durante un cierto período; cuando lo precise, realizará adeudos (que rebajarán dicho límite por importe equivalente al del adeudo) e igualmente podrá efectuar abonos (que restablecerán el mencionado límite por tal cuantía). En consecuencia, en el crédito tipo *revolving* o rotativo, el cliente solo pagará intereses deudores sobre la parte del crédito de la que efectivamente ha dispuesto. El problema es que los intereses que se aplican normalmente son bastante elevados, ya que están calculados con la forma de interés compuesto, y al final hacen que siempre estés disponiendo y pagando intereses.

Veamos un sencillo ejemplo con una comparativa a partir de un préstamo de 1.500 €, con un tipo de interés anual del 29%. Vais a sorprenderos de los cálculos.

– Préstamo con el sistema de interés simple:

Si pedimos 1.500 € y los queremos devolver en 12 meses, al final de ese plazo habremos pagado exactamente 1.935 € (1.500 € + 435 € de intereses).

Si dividimos el total (1.935 €) entre 12 pagos, esto nos da una cuota de 161,25 euros al mes.

Una vez transcurridos esos doce meses, habremos abonado la totalidad del préstamo.

– Préstamo con una tarjeta con sistema *revolving*:

Tenemos una deuda de 1.500 € y hemos firmado un interés anual del 29%, hasta aquí todo igual que con el interés simple, pero con el *revolving* no se establece un plazo para devolver el dinero prestado, sino que tu entidad te da la opción de escoger qué cantidad quieres abonar al mes, eso sí, con un mínimo a pagar del 3% de la deuda total al momento de realizar la liquidación mensual.

Esto significa que, en el ejemplo de los 1.500 €, sabes que como mínimo tendrás que pagar una cuota de 45 € al mes, pero sin duración definida. La opción parece buena, ¿verdad?, pero en la práctica la cosa es bien diferente. Comencemos con el proceso:

-Primer mes:

Como tu economía está al límite, pagas los 45 € de cuota mínima, por lo que, según tus cuentas, ahora debes 1.455 € (1.500 – 45= 1.455)

Sin embargo, no has advertido que durante ese mes se han generado unos intereses del 29% sobre esos 1.500€ que inicialmente debías, y que ascienden a 36,25 €, que sumados al capital que aún debes (1.455 €) hacen un total de 1.491,25 €. Aquí es donde te empiezas a dar cuenta de que algo no va bien, porque has pagado 45 € pero realmente solo has descontado 8,75 € de tu deuda.

-Segundo mes:

Mantienes un saldo pendiente de 1.491,25 €, y como sigues igual de ahogado que el mes anterior, o peor, vuelves a pagar la cuota mínima (45 €), por lo que la deuda debería haber descendido hasta los 1.446,25 €, pero al igual que el mes anterior se han generado unos intereses del 29% (36,04 €) que sumados al saldo que aun debes dan un total de 1.482,29 €. Tras haber vuelto a pagar 45 €, solo has descontado realmente 8,96 €.

Este proceso se repetirá todos los meses hasta que tu deuda quede liquidada, y si no aumentas la cuota sensiblemente o abonas el total, estarás muchos años pagando 45 €. Todo este proceso se ha calculado sin devolver ningún recibo, porque si eso ocurriera, el proceso es aún más largo.

Por tanto, te aconsejaría que una vez tengas tu Excel de deudas, prepares una visita a tu entidad bancaria o entidades financieras donde tengas contraídas las deudas e intentes renegociar con ellas los intereses y las cláusulas de tus diferentes contratos. Sé explícito y realista, diles que no llegas a final de mes y que antes de tener impagados y acumular intereses de devolución, por otro lado, abusivos, prefieres negociar mejores condiciones. Intenta que te agrupen los préstamos, si tienes varios, en una misma entidad, pero vigila las condiciones, porque si te refinancian pueden elevarte el interés y entonces no te saldría a cuenta.

TRUCO DE AHORRO: *Sabemos que ir a trabajar en coche es mucho más cómodo, pero siempre que puedas utiliza el transporte público será más económico, será eco-friendly y de paso podrás aprovechar el tiempo de los desplazamientos. Los coches además se deprecian rápidamente con lo que puedes alquilarlo cuando lo necesites y no tendrás que desembolsar la cantidad de dinero que supone un coche nuevo.*

RECUERDA:

Paso 1: Reconvierte en mensajes positivos tu relación con el dinero. Involucra a todos los miembros en las finanzas familiares. Sé positivo y aprovecha todas las oportunidades que se presenten.

Paso 2: Haz un presupuesto anual con todos los pagos que vas a tener. Una vez pasado cada mes, apunta en una columna paralela los gastos reales para ver la desviación que has tenido.

Paso 3: Haz un Excel o listado con todas las deudas que tienes pendientes, apuntando la entidad acreedora, la cuota, el capital pendiente y el interés. Ordena el listado de menor a mayor capital pendiente de pago. Utiliza el sistema Bola de Nieve para ir pagando deudas.

PASO 4

En estos tiempos los jóvenes piensan que el dinero lo es todo, algo que comprueban cuando se hacen mayores.

Oscar Wilde

Trabajando los ingresos

Trabajando este paso verás la importancia tanto de los ingresos familiares como del ahorro. Los ingresos familiares son las entradas de dinero con que cuenta un hogar. Incluiremos los sueldos de todos los miembros de la unidad familiar, otros ingresos que puedan considerarse extras, como ventas en Internet o a conocidos, ingresos derivados de un emprendimiento de algún miembro de la unidad familiar u otros que se perciben por algún tipo de renta.

Estos ingresos nos servirán para realizar todos los pagos que tengamos cada mes y para ahorrar.

Si tienes gran cantidad de deudas y estás en números rojos, además de disminuir los gastos, como veremos en el próximo paso, tienes que aumentar los ingresos. Para ello, por ejemplo, busca la manera de conseguir más horas remuneradas en tu mismo trabajo o un trabajo *part-time*; vende en Internet artículos que no uses, participa en encuestas, reuniones de *focus group*, alquila una habitación en tu casa durante un tiempo, empieza un negocio propio además de tu trabajo, alquila tu coche, alquila la plaza de aparcamiento, imparte clases, cocina a domicilio... En Internet hay nuevas formas de conseguir dinero extra. Te enumero algunas:

-Dropshipping: es un modelo de negocio en el que se venden productos bajo demanda a través de un proveedor que se encarga de la gestión y envío de dichos pedidos. Cuando el cliente final hace un pedido, el proveedor enviará el producto comprado en nombre del vendedor directamente al cliente final. Los productos pueden ser cualquier cosa. Por ejemplo, camisetas, tazas, gorras... Y el dropshipper puede permitirte incluso personalizar estos productos. Como consejo pide siempre muestras para ver la calidad de los productos primero.

-Trabaja como freelancer vendiendo fotos o creando contenidos. Las fotos las puedes vender fácilmente en webs como Adobe Stock, Shutterstock, iStock...No tienes que ser fotógrafo profesional para empezar y en algunas se aceptan fotos hechas con el móvil. También puedes comenzar a crear contenidos en formato texto en webs como Textbroker, Contentworl o Upwork o creando tu propio blog.

-Programa de afiliados: Los programas de afiliación se han convertido en una de las formas más populares de obtener ingresos pasivos en internet en los últimos años. Un usuario recomienda un producto a sus lectores o conocidos y recibe una comisión por la compra completada. Con una comisión de afiliación, la empresa te recompensa por cada nuevo cliente adquirido. Dependiendo del acuerdo, ésta puede ser dinero, servicios gratuitos u otros.

-Hazte embajador de alguna marca: Un embajador de marca pasa a formar parte de un programa a largo plazo en el que se compromete a recomendar la marca entre sus círculos (en el mundo digital y/o físico) a cambio de una compensación que puede ser monetaria o regalos. La relación entre compañía y embajador es estrecha y duradera.

Tendrás que ser creativo a la hora de intentar conseguir esos ingresos extras y hazme caso, vale la pena esforzarse un tiempo para luego estar más tranquilo.

Trabajando el Ahorro

Una vez que hayas salido de los números rojos (habrás conseguido tu primera victoria aumentando los ingresos y disminuyendo los gastos), tienes que ir pagando las deudas que te queden pendientes, pero también debes comenzar a ahorrar. El principal error que cometemos es pensar que hay que ahorrar lo que sobra una vez finalizado el mes, después de haber hecho frente a todos los pagos y gastos. ¡NO! Para comenzar a funcionar libre de deudas, lo primero que vas a hacer es crear un FONDO DE EMERGENCIA equivalente al valor del electrodoméstico más caro que tengas en casa. Pensarás que esta cantidad es un poco rara, pero si se estropea ese electrodoméstico o cualquier otro, que será de importe inferior, tendremos dinero para sustituirlo sin tener que endeudarnos de nuevo. **Eso es lo que queremos, no endeudarnos más.** Si tuviéramos cualquier otro imprevisto, podremos pagarlo con nuestro fondo de emergencia y evitaremos tener que usar las tarjetas de crédito o recurrir a préstamos.

Otro aspecto en el que trabajarás si ya has superado los números rojos (si los tienes, primero tienes que quitarte deudas de encima y cuando tengas excedente, sigues con este concepto) es el de destinar una cantidad mensual a ahorrar, a tener un colchón financiero, que a la vez nos dará seguridad. Este colchón lo fijaremos en función de nuestros ingresos y gastos, pero ten en cuenta que debería ser de un 15% a un 20% de nuestros ingresos. Con ello lograremos el ansiado desahogo financiero, al cual, a partir de ahora, me referiré como «colchón». Si nuestra situación actual no nos permite nutrir el ansiado colchón, los esfuerzos se concentrarán en sanear al máximo posible nuestras cuentas para poder hacerlo.

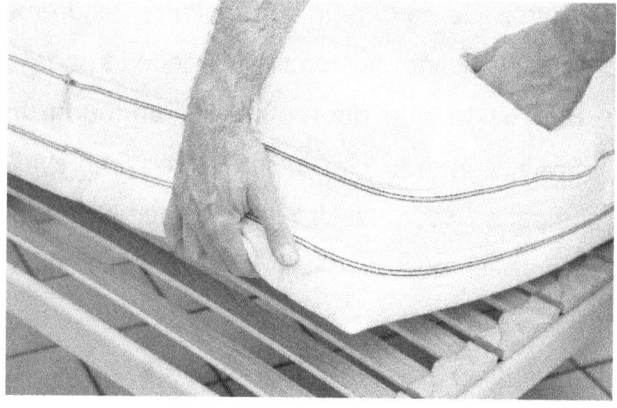

Una vez tengamos claro qué cantidad vamos a ahorrar cada mes, cogeremos nuestro presupuesto anual y sumaremos los gastos que tendremos durante seis meses. Esa cantidad, sea cual sea, será el importe que tendrás que destinar a tu colchón. A él acudirás si, por circunstancias de la vida, te quedas sin trabajo. Será una cantidad intocable. Ante esa situación, que puede darse fácilmente (todos conocemos a algún familiar, vecino o amigo que en los últimos años ha pasado por ella), recurriremos a nuestro colchón según vayamos necesitando. Personalmente te recomiendo que lo tengas a mano en una cuenta bancaria, aunque te den poco interés, ya que nunca sabes cuándo lo necesitarás. Eso sí, separado de la cuenta corriente donde gestionas todos los pagos. Cada persona tiene que decidir los meses que quiere tener de desahogo. Yo te he sugerido que ahorres el importe de seis meses de pagos, y debería ser el mínimo, pero si ahorras el importe de diez, doce o quince, más tranquilidad tendrás.

Existe una corriente financiera bastante acertada que nos aconseja usar la regla del 50/30/20. Consiste en destinar el 50% de tus ingresos a los gastos fijos y necesarios: vivienda, suministros, transporte, comidas, colegios, ropa y pago de préstamos. Un 30% lo destinarás a gastos ocasionales o prescindibles como cine, restaurantes, viajes, etc y el 20% restante al ahorro. Si pudieras distribuir así tus ingresos estarías en una situación óptima.

TRUCO DE AHORRO: *Si estás planificando un viaje no compres directamente el billete de avión a la aerolínea, busca en los comparadores de internet para ver que precio es el mejor. Haz lo mismo con los hoteles o apartamentos, busca en comparadores. Además, planea el viaje con tiempo te saldrá más barato.*

RECUERDA:

Paso 1: Reconvierte en mensajes positivos tu relación con el dinero. Involucra a todos los miembros en las finanzas familiares. Sé positivo y aprovecha todas las oportunidades que se presenten.

Paso 2: Haz un presupuesto anual con todos los pagos que vas a tener. Una vez pasado cada mes, apunta en una columna paralela los gastos reales para ver la desviación que has tenido.

Paso 3: Haz un Excel o listado con todas las deudas que tienes pendientes, apuntando la entidad acreedora, la cuota, el capital pendiente y el interés. Ordena el listado de menor a mayor capital pendiente de pago. Utiliza el sistema Bola de Nieve para ir pagando deudas.

Paso 4: Crea un fondo de emergencia para no tener que endeudarte más cuando haya imprevistos en casa. Cuando hayas pagado tus deudas, crea un colchón financiero por si te quedas sin trabajo. Ahorra de un 15% a un 20% de tus ingresos.

PASO 5

Como alcalde vuestro, yo os aseguro que para pagar ésto ni un céntimo ha salido de las arcas públicas, porque en las arcas jamás ha habido un céntimo.

Bienvenido, Míster Marshall (1953)

Trabajando los gastos

En este paso vamos a trabajar los gastos, es muy importante que los tengas todos en cuenta para realizar tu presupuesto.

Como hemos comentado en el paso dos, los gastos se pueden separar en varias categorías. Vamos a recordarlo:

GASTOS FIJOS OBLIGATORIOS: Estos gastos no varían mucho de mes a mes y no se pueden dejar de pagar ya que, si no generarían intereses y gastos de demora además de entrar en listas de morosos, lo cual dificulta el acceso a créditos. Estos gastos serán hipoteca, alquiler, cuotas de préstamos…

GASTOS NECESARIOS: Son aquellos que se pueden reducir si moderamos el consumo. Estos son los gastos de comida y manutención; suministros como electricidad, agua, gas, comunicaciones; ropa, comunidad. También incluiremos el pago de colegios y formación. Son los llamados gastos de necesidad.

GASTOS OCASIONALES: Los podemos dar de baja si no llegamos a fin de mes. Normalmente son extras que se derivan de deseos, como vacaciones, las salidas de fines de semana, las cenas o comidas con familiares y amigos, caprichos…

Os puedo asegurar que cuando tengáis realizado el presupuesto y os pongáis manos a la obra, el primer mes, con el punteo de todos los pagos, por mínimos que sean, os daréis más de una sorpresa al ver hacia dónde va vuestro dinero. Ese es el momento ideal para revisar los gastos que se pueden reducir. Si estás en números rojos, lo primero es hacer un listado de prioridades y ver qué gastos puedes dar de baja. Seguidamente tendrás que realizar un estudio y ver qué otros puedes moderar para que los importes sean menores. También analiza los gastos que te cargan por intereses de préstamos. Renegocia todo lo que puedas, con el banco, con las compañías de suministros; llama, infórmate, infórmales que necesitas un descuento.

A partir de ahora, reflexiona antes de endeudarte. Piensa si vale la pena, si cabe en tu presupuesto y estudia todas las opciones. Muchas veces, ante los intereses que te van a cobrar, es mejor esperar a tener el dinero ahorrado para comprar ese bien. Los hábitos de consumo son distintos según las personas. Unas son prudentes a la hora de realizar compras, y hasta que no tienen el dinero no realizan el gasto; a otras, en cambio, no les importa endeudarse para conseguir lo que desean. Éste es el hábito que hay que vigilar y contener, porque nos puede causar problemas serios. El consumo es la adquisición de bienes y servicios para satisfacer nuestras necesidades personales, el consumismo es la adquisición de bienes para satisfacer nuestros deseos personales. La diferencia es notable. En nuestra sociedad de consumismo, una de las principales actividades de ocio es ir de compras para satisfacer nuestros deseos, tanto de status como de satisfacción material. La consecuencia de todo esto es el sobreendeudamiento, lo cual es fuente de situaciones muy difíciles, sobre todo si añadimos la probabilidad de quedarnos sin trabajo.

A principios de 2018, el Banco de España informó que durante el 2017 las economías domésticas se habían endeudado fuertemente con créditos al consumo. Esta deuda doméstica comenzó a crecer en 2016, cuando la recuperación dejó de estar en duda y el mercado de trabajo parecía mejorar después de años de destrucción de empleo. Por ello, la concesión de créditos alcanzó los 102.000 millones de euros en 2017, el 16,7% de ese total fue a los hogares. Para llegar a estas cifras, en el transcurso de 2017 el crédito al consumo creció el 15%, muy por encima de la economía o el empleo. En contraposición, los préstamos destinados a otras finalidades descendieron entre un 10% y un 5%. En el año 2018 y 2019 la situación ha seguido igual y los préstamos al consumo han aumentado considerablemente.

Por tanto, es necesario ir adoptando buenos hábitos de consumo y control de gastos. A largo plazo evitaremos situaciones complicadas. Únete, por ejemplo, al «consumerismo», que significa que puedes consumir con criterios responsables, éticos y solidarios, teniendo en cuenta la historia de los productos que compramos, así como también sus repercusiones medioambientales. Además, podemos optar por el consumo sostenible, en el cual el uso de los bienes y servicios está destinado a la satisfacción de necesidades básicas, minimizando el uso de los recursos materiales, tóxicos, desperdicios y contaminantes, y así no poner en riesgo las necesidades de futuras generaciones. También existe el minimalismo, cuya propuesta se basa en consumir menos, solo lo que necesitemos y de buena calidad.

Siempre hay que comparar precios y buscar ofertas. Hoy en día tenemos a nuestro alcance infinidad de páginas web que nos pueden ayudar. No solo las podemos utilizar para comparar precios de nuestra compra diaria o en grandes hipermercados, sino también de seguros, préstamos, hipotecas, internet, telefonía...

Intenta evitar las compras por impulso. Si estás comprando y algo que no tenías pensado te tienta, no lo compres, deja pasar mínimo veinticuatro horas. En ese tiempo podrás analizar si es realmente necesario realizar esa compra.

Compra al contado o con tarjetas de débito. El uso de las tarjetas de crédito lo debes limitar a situaciones excepcionales. Realmente, lo mejor es pagar al contado, aunque en estos últimos años es ir contracorriente. El problema es que cuando pagas con tarjetas no asocias que hay una salida de dinero de tu cuenta y entonces sigues comprando.

Voy a otorgar especial consideración a los gastos denominados «hormiga». Estos gastos son desembolsos tan pequeños que casi no los tomamos en consideración, pero que poco a poco van mermando nuestro presupuesto, tal y como un grupo de hormigas es capaz de desmigar y trasladar una rebanada de pan.

Estos gastos pequeños, pero que realizamos a diario, al final pueden convertirse en una verdadera plaga para nuestra economía y causar desequilibrios mensuales y, por tanto, anuales en nuestras finanzas. Vamos a ver un ejemplo:

En casa de la familia Martínez, formada por cuatro miembros, el padre se gasta cada día 5 € en tres cafés y 5 € más en un paquete de tabaco. La madre se compra tres revistas por semana y gasta 5 € más en chicles. Los dos hijos mayores gastan de media semanal 15 € cada uno en compras de agua en la cafetería de la universidad y algún *snack*. También gastan 10 € semanales en comisiones bancarias por no utilizar un cajero de su misma entidad financiera. Si te pido que digas la cifra anual que crees que representan estos gastos sin calcularla detenidamente, ¿dirías que suman 6.450 €? Creo que no, casi todos pensamos una cantidad menor. Si lo planteáramos como una fórmula matemática a alguien, le diríamos: «Calcula mentalmente», (((5+5)*365)+((5+5)*56)+((15+15)*56)+(10*56), seguramente llegaría al resultado o se aproximaría bastante, pero si preguntáramos a la gente que cuánto cree que supone al año el gasto de tres cafés diarios, un paquete de tabaco, tres revistas y chicles semanales, más agua y snack en la cafetería de la universidad, no muchas personas se acercarían a los 6.450 €.

Por tanto, hay que tomar conciencia de cuánto representan estos gastos hormiga en el presupuesto mensual o anual para el total de la unidad familiar. Solo así sabremos cómo ajustar nuestro presupuesto.

Otro punto interesante, y que también hará estragos en nuestro presupuesto si no lo cortamos a tiempo, es la palabra *shopaholic*, adicto a las compras o comprador compulsivo.

Hay que estar en alerta ante un trastorno de consumo muy propio de la sociedad actual. Este trastorno consiste en un impulso incontrolado de adquirir una gran cantidad de productos y servicios. Las personas que lo padecen están, por lo general, dispuestas a trabajar más horas y reducir las de ocio a cambio de mayores ingresos que les permitan adquirir una mayor cantidad de productos y bienes. Hay que estar atento para poder identificarlo, hablar con esa persona, que lo entienda y, si es necesario, llevarla a un psicólogo para que se recupere y no vaya a más ya que puede ocasionar problemas muy importantes a las familias. Normalmente estas personas satisfacen sus deseos de compra o tienen esos impulsos por el "subidón" que les da al comprar y están enmascarando otros problemas.

Marketing, marketing y marketing.

Piensa que ni las grandes superficies, ni las compañías de telefonía, ni los grandes almacenes, ni, por supuesto los bancos, son nuestros amigos.

Ellos están haciendo su trabajo, obtener beneficios, y quieren que cada año sea mayor o lleguen al nivel que les han establecido. Por lo tanto, todas las acciones que toman son para vender más sus productos, sea este un televisor, un móvil, productos de limpieza, seguros o fondos de inversión.

¿Nunca os ha pasado que habéis ido a comprar una camiseta y habéis vuelto a casa con la camiseta, los pantalones y los zapatos a juego? O, por ejemplo, que vais a comprar pasta de dientes y volvéis con maquillaje y perfumes. Eso es el llamado efecto Diderot, por el cual las compras que realizas te inducen a comprar más. Denis Diderot, enciclopedista y escritor francés del siglo XVIII, fue el primero en describir esta espiral en un curioso relato titulado "Lamento por mi bata vieja. Aviso a quienes tienen más gusto que fortuna". En él hablaba de su propia experiencia con **una bata nueva que le llevó a la ruina.**

Le habían regalado esta nueva prenda, la cual era tan buena y elegante que provocaba que el resto de las cosas que había en su casa pareciesen baratas, de mala calidad, sin gusto... Así que Diderot decidió cambiar una silla por un sillón bueno, compró una mesa nueva, algunos cuadros... Cuanto más compraba, más quería, porque le parecía que el resto de las cosas de su alrededor no estaban a la altura. Sin darse cuenta, acabó redecorando su casa a partir de la nueva bata. Esta dejó de ser una simple prenda de vestir... ¡marcaba su propio estilo de vida!

Al final, como era de esperar, Diderot terminó arruinado y hasta el cuello de deudas por culpa de la dichosa bata. Se dio cuenta de que había incurrido en demasiados gastos y que ahora... ¡ni siquiera estaba a gusto en casa! Sentía que ya no era suya, sino de la bata que le había poseído y que le había obligado a cambiar todo lo que había a su alrededor.

Observa las estrategias de marketing que utilizan las empresas para conseguir captar tu atención y que acabes comprando el producto o el servicio que ellos quieren. No se libra ninguna gran empresa, todas, sean grandes superficies, entidades bancarias, empresas de telecomunicaciones, compañías de seguros, empresas de automoción o de turismo tratarán de captar tu atención con marketing.

Las grandes superficies y los supermercados utilizan "trucos psicológicos" para que acabemos comprando más de lo que necesitamos. Más de la mitad de las compras que realizamos en ellos no están planificadas, y esta estadística crece aún más si vamos de compras con la pareja o los hijos. Voy a enumerarte alguna de estas estrategias para que estés prevenido cuando tengas que ir a comprar.

-**El carrito lo más grande posible**: Las dimensiones de los «carritos» son cada vez mayores, por lo que podemos comenzar a hablar ya de "carros". Cuanto mayor es el carro, más cuesta llenarlo y muchos consumidores no están satisfechos si no lo llenan por completo.

-**El color rojo**: Normalmente, todas las personas tenemos asociado el rojo a los precios con descuentos.

Así, si ponen precios en rojo, pensamos que estamos comprando un artículo rebajado, aunque no lo sea.

-**El nueve en el precio**: Parece que este truco ya no funciona, pero no es así. Si un producto cuesta 11,99 €, el cliente lo visualiza como 11 € en lugar de 12 €. Además, un precio que termina en 99 se suele asociar a barato, y si el mismo champú cuesta 3 € o 3,99 €, corremos el riesgo de acabar eligiendo el de 3,99 € porque lo vemos como un chollo.

-**La altura de tus ojos**: En las estanterías tendrás a la altura de tus ojos los productos que la empresa quiera vender, ya sea por su beneficio o por deshacerse antes de ellos. Por la misma razón, a los niños les ponen a la altura de los ojos los productos como golosinas y juguetes.

-**Lo imprescindible al final del local**: La disposición organizativa del supermercado tiende a que los productos indispensables estén al final de todo, como la leche, azúcar o ciertas bebidas. Así consiguen que el consumidor recorra todo el centro para llegar a ellos. De esta manera, adquiere productos y ofertas que no tenía pensado comprar antes de llegar a los productos que realmente necesitaba. Además, solemos comprar los productos que están situados a la derecha de los pasillos, por lo cual colocan allí los productos más caros.

-Todo fresco, fresco: Las frutas se colocan de forma estratégica, e incluso se rocían con agua fresca para dar sensación de que acaban de llegar de un sitio próximo, pero es mejor mirar las etiquetas para ver realmente de dónde proceden.

A la carne y el pescado le suelen poner un fondo blanco para que parezcan más frescos.

-Fruta y verdura al inicio del recorrido: Para nosotros sería más lógico comprar los productos frescos al final del recorrido y no aplastarlos luego con otros productos. Pero para el supermercado es más lógica la sensación positiva del color y el aroma a fresco al entrar al establecimiento. Además, está comprobado que, si compras los alimentos saludables al inicio de la compra, luego serás proclive a gastar más en precocinados.

-Hambre al acecho: Las panaderías de las grandes superficies están ubicadas en lugares estratégicos dentro de los supermercados. El olor del horno y la visión del producto activan tus glándulas salivales y te hacen más propenso a compras compulsivas.

-Cambio en la disposición de los productos imprescindibles: Cuando ya sabemos dónde están ubicados los productos básicos, el supermercado nos los cambia para obligarnos a volver a recorrer todo y a que adquiramos productos que no teníamos pensado.

-Aminora tu marcha: En los pasillos de productos caros se colocan baldosas pequeñas para que, al pasar, el carro haga ruido. El sonido rápido y constante del carro en el suelo te hará pensar que estás yendo más rápido de lo que realmente vas y aminorarás la marcha y aumentarán las posibilidades de que gastes.

-**Un dependiente muy amable**: En tiendas que venden artículos de precios muy elevados y con mucho margen de beneficio, nos atienden dependientes muy amables que hacen que la experiencia de compra sea muy grata y, al final, nuestro gasto sea mayor.

-**Las bolsas**: Hoy en día las bolsas de plástico se cobran por el tema de la contaminación. Al supermercado le sale así más rentable, ya que antes las regalaban. Además, ofrecen bolsas reutilizables con las que obtienen ingresos extra, con su logo estampado bien grande, consiguiendo así publicidad gratuita. Una estrategia de ganancia asegurada.

-**Ambientes cálidos**: Los colores cálidos, como el naranja, hacen que estemos más rato contemplando los productos y con el tiempo compramos más. Está comprobado que la música suave nos incentiva a permanecer más tiempo comprando, y la clásica nos hace gastar más. Los experimentos han demostrado que poner música francesa en la sección de vinos incrementa la venta de vinos franceses.

-**La compra a casa gratis**: Está en auge el servicio de envío gratis, pero siempre con un mínimo de compra. Por tanto, si pensábamos gastar 30 €, como el transporte es gratis a partir de 60 €, acabamos gastando ese importe.

-Los productos de las cajas: En la línea de cajas ponen artículos que no son de mucho valor, pero sí de gran margen de beneficio. Mientras esperas tu turno para pagar, los estás viendo y, al final, los compras porque es tu recompensa por hacer la compra: pilas que necesitaré, chicles que me apetecen o golosinas para los niños.

-Cálculos difíciles: Comparar precios en un supermercado es una tarea difícil. Hay precios por kilo, por unidad, por paquete, por cuarto…

-Los pares de comida: Sin darte cuenta, en el supermercado te están sugiriendo pares de comida para que compres. Son los alimentos complementarios. Por ejemplo: salchichas y queso, tortitas mexicanas y salsas, bebidas gaseosas y patatas chips…

Los bancos

¿Y qué podemos decir de las entidades financieras? Fíjate en algunas estrategias de las entidades bancarias para que estés más concienciado de su negocio y de los trucos de marketing que utilizan.

Cuando vamos a negociar con los bancos, siempre estamos en desventaja por la denominada asimetría de la información. Este término se aplica cuando vamos a contratar un producto y no entendemos los términos que emplea la otra parte, ya que son muy complicados o desconocidos para nosotros. Antes, esta asimetría se daba también en los productos de consumo, pero gracias a Internet esto ha cambiado. Ahora, los compradores van informados y a veces saben más que los propios vendedores. Pero con los bancos no ocurre lo mismo. Por ejemplo, si queremos invertir unos ahorros y obtener una rentabilidad, nos comenzaran a hablar de TIN, TAE, período de retorno, índices de referencia, renta fija o variable... Nos dirán qué es lo que más nos conviene y firmaremos. En el plazo pactado cobraremos unos intereses, pero realmente no sabremos si era lo más interesante ya que no lo habíamos entendido muy bien…

Así que, antes de tomar cualquier decisión bancaria, infórmate sobre lo que te están ofreciendo y trata de entenderlo perfectamente. Te explico alguna de las técnicas de marketing que utilizan:

Podemos encontrar en el mercado algunas propuestas de cuentas sin comisión de mantenimiento, pero ten en cuenta los requisitos que exigen y por cuánto tiempo. En caso de que sea una campaña o promoción, identifica si es a largo o corto plazo.

Puedes encontrarte que una cuenta te interesa por la rentabilidad, pero infórmate de las condiciones ya que puede haber gato encerrado.

Cuando hay fechas de celebración cercanas, como día de la madre, del padre, Navidad, vacaciones…, los bancos suelen enviarte cartas de regalo en donde indican que puedes acceder un crédito por un importe grande solo por ser un buen cliente. Este gancho es peligroso si no se revisa adecuadamente la tasa de interés.

La entidad bancaria te puede ofrecer bonificaciones por ser un cliente estrella, pero hay que analizar los pros y los contras, ya que pueden estar sujetas a condiciones de largo plazo, contrataciones extras…

Últimamente está muy en boga pagar con el móvil. Si bien es muy cómodo, ten en cuenta que pasa como con las tarjetas: no lo asocias a pagar con dinero y parece que no tenga consecuencias, pero sí las tiene.

Los grandes almacenes ofrecen financiar compras sin intereses, pero te cobran comisión de apertura y al final compras más cosas de las que realmente necesitas. Si puedes evitarlo, mejor. Además, muchas veces el precio ya incluye el coste de la financiación. Y si por casualidad fallaras en algún pago, las comisiones que te cobrarán son importantes.

Si te ofrecen un anticipo nómina, estúdialo muy bien, ya que puede implicar comisión de apertura y de cancelación, además de intereses altos.

La entidad puede ofrecerte financiar una compra en cómodos plazos, incluso la oferta te puede llegar al móvil para que pagues durante x meses y x importe. Puedes pensar que resulta muy cómodo, pero realmente deberías pensar ¡qué caro!, porque te cobrarán intereses.

Compra el coche por una cantidad x al mes. Muchas personas van a los concesionarios, miran el coche, los extras, se imaginan ya en él y viene el contrato con la letra pequeña. Normalmente hay que dar una entrada y la última cuota será de una cantidad considerable. Pero ya estamos en el proceso de compra y no daremos marcha atrás.

Pregunta siempre qué productos vinculados hay a la hora de contratar un producto bancario, como una hipoteca o un depósito. La mayoría de bancos te solicitan domiciliar la nómina, algunos recibos de la casa, abrir un plan de pensiones o un seguro de vida, hogar, etc... y si no lo haces, la entidad empeorará las condiciones del producto.

Si nos ofrecen un depósito con interés más elevado que la media, por ejemplo, el 4 % o 5 %, es porque o bien se trata de un depósito con vinculación o de un depósito combinado. En el primer caso, para acceder a esa rentabilidad deberemos contratar productos adicionales.

Si se trata de un depósito combinado, significa que una parte de la inversión producirá el interés prometido, pero la otra se invertirá en fondos, en la bolsa o en valores, es decir, en índices que tengan una rentabilidad incierta. El banco suele garantizar el 100 % de la inversión a plazo fijo, pero no la que se invierte en valores inciertos.

Los regalos bancarios salen caros. Hoy en día ofrecen vajillas, tabletas, móviles, libros electrónicos, cafeteras..., pero la contrapartida es la permanencia durante varios años con ellos o contratar algún tipo de producto.

Resumiendo, si estás muy endeudado, valora también por qué y hazte las siguientes preguntas:

- ¿He comprado o alquilado una vivienda muy cara para mi salario?
- ¿Llevo un ritmo de vida muy elevado para mis ingresos?
- ¿No tenía un colchón financiero para imprevistos?
- ¿Me he endeudado por el uso de tarjetas de crédito?
- ¿Me he endeudado con créditos *revolving* que no acabo de pagar nunca?

Es importante identificar la raíz del problema para trabajar en la solución y salir de él.

TRUCO DE AHORRO: Cuando voy a comprar cosas de importes elevados siempre pienso el tiempo de mi trabajo mensual que he de emplear para pagar ese artículo. Visto de esta manera te das cuenta de lo que has tenido que trabajar para pagar por ejemplo el móvil que quieres. ¿Un mes de mi trabajo por un móvil? Pues creo que va a ser que no....

RECUERDA:

Paso 1: Reconvierte en mensajes positivos tu relación con el dinero. Involucra a todos los miembros en las finanzas familiares. Sé positivo y aprovecha todas las oportunidades que se presenten.

Paso 2: Haz un presupuesto anual con todos los pagos que vas a tener. Una vez pasado cada mes, apunta en una columna paralela los gastos reales para ver la desviación que has tenido.

Paso 3: Haz un Excel o listado con todas las deudas que tienes pendientes, apuntando la entidad acreedora, la cuota, el capital pendiente y

el interés. Ordena el listado de menor a mayor capital pendiente de pago. Utiliza el sistema Bola de Nieve para ir pagando deudas.

Paso 4: Crea un fondo de emergencia para no tener que endeudarte más cuando haya imprevistos en casa. Cuando hayas pagado tus deudas, crea un colchón financiero por si te quedas sin trabajo.

Paso 5: Estudia todos tus gastos minuciosamente, analiza los que puedes reducir o dar de baja. Estudia también los hábitos de consumo de toda la familia.

PASO 6

El interés compuesto es la fuerza más poderosa del universo.

Albert Einstein

Que tu dinero trabaje para ti

Cuando ya tengamos ahorrado nuestro colchón financiero (cantidad intocable, ¡recuérdalo!), lo más recomendable es que el dinero que vayas ahorrando (acuérdate, entre el 15 y el 20% de tus ingresos) lo vayas invirtiendo, así podrás generar más riqueza.

Según los resultados de la última encuesta Financiera de las Familias elaborada por el Banco de España, el 11,4% de los 18.346.200 hogares españoles invierte en bolsa, el 6% invierte en fondos de inversión y el 0,6% invierte en renta fija. Hay entonces unos 3.250.000 millones de pequeños inversores.

Como inversores que somos debemos reflexionar y aclarar los siguientes puntos antes de ir a la entidad bancaria:

1. Definir el horizonte temporal de la inversión, es decir, el tiempo que necesitamos para obtener la rentabilidad. Normalmente, se considera que el plazo mínimo es de dos años y medio, plazo medio cuatro años y a partir de cinco, plazo largo.

2. Definir nuestro perfil de riesgo y ajustar las inversiones al mismo. Podemos ser más conservadores o arriesgados.

3. Definir el importe a invertir, el cual no debe ser ni de nuestro colchón, ni de nuestro fondo de emergencia, ni del que necesitemos para el día a día.

4. Planificar la inversión y diversificar. Según los puntos anteriores, es conveniente diversificar la inversión. El dinero que se necesite a corto plazo es mejor ponerlo en un fondo muy conservador. En cambio, a largo plazo pondremos los ahorros que no necesitaremos en un horizonte temporal amplio.

5. No inviertas nunca en algo que no entiendes. Es esencial que confíes en un gestor, pero, aun así,

que te lo explique detalladamente hasta que lo entiendas.

6. No te fíes de las grandes rentabilidades a corto plazo, normalmente son de alto riesgo. Si un producto te ofrece gran rentabilidad, inviertes y tiene una bajada brusca, tendrás unas pérdidas importantes.

7. Está demostrado que las inversiones a largo plazo tienen más rentabilidad que activos más agresivos a corto plazo.

Ahora vamos a aclarar unos CONCEPTOS que nos serán muy útiles a la hora de elegir la inversión que nos conviene:

Interés compuesto

Lo primero que tenemos que entender es que el dinero tiene distinto valor en el tiempo. La relación que tendrán esos importes a través del tiempo será el interés y lo define la siguiente fórmula:

CF= CI+CI x r
CF= CI (1+r)

Donde **CF** es el capital final, **CI** es el capital inicial y **r** es el tipo de interés expresado en valor real (por ejemplo, si nos dan un interés del 5% será 0,05).

Normalmente los tipos de interés son por períodos anuales y se denomina TAE o tasa anual equivalente. Si nos dan un interés por un periodo distinto al anual, lo que haremos es calcular o preguntar cuál será su TAE para poder comparar distintas opciones.

Si el interés que obtenemos al final del primer año más el capital inicial que hemos aportado lo volvemos a invertir con las mismas condiciones durante uno o cinco años más, tendremos una inversión con interés compuesto, cuya fórmula es la siguiente:

CF= CI+ $(1+r)^n$
CF = CI + $(1 + 0,05)^5$

En esta fórmula el nuevo valor que obtenemos es el superíndice **n**, que son los años que vamos a mantener invertido el dinero. Por tanto, en cualquier inversión, el factor tiempo y el factor interés serán fundamentales para calcular su resultado.

Por ejemplo, si queremos depositar 20.000 € a un interés del 3% durante cinco años, ¿qué capital final tendremos?

$CF = CI + (1+r)^n$
$CF = 20.000 \ (1+0,03)^5 = 23.185,48$ €

El factor tiempo dependerá de nosotros, el factor interés no tanto, y por eso es importante buscar un interés que nos resulte atractivo.

Pero como nada es tan sencillo, debemos calcular el efecto de la INFLACIÓN en nuestros cálculos. Este punto es importante, sobre todo en los países con altas tasas de inflación.

La inflación es el aumento de los precios promediados de los productos que se comercializan en la economía. Si la inflación del país es alta, los precios habrán subido mucho y entonces podremos comprar menos bienes con el mismo dinero, lo cual significa que ha perdido valor. En países con una baja inflación, el interés del dinero y la tasa de inflación no son muy diferentes. Pero si hablamos de un país con aumentos bruscos de precios al consumidor, el dinero ahorrado pierde valor, pero también las deudas. Hay personas que creen que es una buena estrategia el endeudamiento, pero siempre si se contrae antes de la subida de la inflación, porque una vez producida, el prestamista subirá el interés como medida para evitar la desvalorización de su dinero.

La fórmula, por tanto, quedará de la siguiente manera:

CF= CI $(1 + g)^n / (1 + r)^n$

En la fórmula, **g** representa el interés que podemos conseguir y **r** la tasa de inflación.

Un ciudadano normal accederá a una rentabilidad sin riesgos, pero cercana a la inflación. De todas formas, si el interés conseguido es mayor que la inflación, ganaremos dinero; si ambos valores son iguales, nos quedaremos igual; y si la tasa de inflación es mayor que la de interés, perderemos dinero. Y aquí tenemos otro concepto, el de moneda constante, que será el valor del dinero descontada la inflación, ya que aunque en términos absolutos la cantidad de dinero crezca en el tiempo, el valor relativo permanece constante.

Después de los conceptos que hemos revisado vamos a ver donde puedes invertir el excedente de dinero que vayas consiguiendo. Te enumero los principales productos y sus principales características para que lo puedas sopesar y tomar la decisión más acertada.

Depósitos a plazo fijo: Cuando depositas el dinero en este producto, suelen pagarte un interés que habitualmente está unas décimas por encima de la tasa inflación, para que te compense tener el dinero inmovilizado.

Títulos de renta fija: En esta categoría tenemos los bonos, los pagarés, las obligaciones, las Letras del Tesoro…

En estos títulos hay que comparar cuatro variables: emisor, tipo de interés, plazo de emisión y valor nominal. El emisor puede ser el Estado o la empresa que pide el préstamo a cambio de un interés en un tiempo fijado. Su valor nominal es lo que cuesta el título, el capital prestado. Habitualmente, cuanto más fiable es el emisor menor será el tipo de interés que ofrecen. Por ejemplo, si el título lo emite el Estado o una empresa como Telefónica, te pagarán un interés menor que si lo emite otra empresa de telefonía o de biotecnología. Si el plazo es mayor, pagarán más intereses, ya que la incertidumbre es mayor y los compradores exigen mayor beneficio para asumir el riesgo. Las clases de títulos de renta fija pueden ser los siguientes:

· A tipo de interés fijo durante toda la vida del bono.

· A tipo de interés creciente durante la vida del bono.

· A tipo de interés referenciado a una variable. Por ejemplo, Euribor + 1,35.

· Cupón cero, donde se pagan los intereses al principio de la emisión. Estos títulos, normalmente, son de corto plazo (un año).

Para Hacienda, los intereses que obtengas de los tres primeros tipos se consideran un rendimiento de capital mobiliario y así deben aparecer en la declaración de la renta, como los intereses de las cuentas bancarias, los intereses de los títulos de renta fijan cupón cero, en algunos países se consideran incremento del patrimonio, y hay que tenerlo en cuenta a la hora de calcular exactamente la rentabilidad.

Convertibles en acciones, ventaja que la empresa emisora utiliza como un atractivo añadido. Lo que hay que analizar es si es una conversión obligatoria o voluntaria. Si es obligatoria, ya no sería un producto de renta fija, sino variable, como las acciones por las que te lo canjearán. Si es voluntaria, es importante tener en cuenta la cotización de la acción al momento de convertir, pues de ello dependen los beneficios.

Inmuebles: Con la crisis que se desencadenó a partir del año 2.008 aprendimos que la inversión en inmuebles no es tan maravillosa como lo fue o nos habían pintado hasta entonces. Con la burbuja inmobiliaria, el precio de las viviendas bajó en picado y muchas personas perdieron el dinero invertido o compraron un piso para vivir que tras un par de años desvalorizó significativamente. Como consecuencia, debían al banco más dinero de lo que valía la vivienda.

Si compras una vivienda como inversión y la vendes en un plazo determinado, es muy importante que calcules la rentabilidad anual que has obtenido por ella. Para realizar este cálculo correctamente, al precio de la vivienda tienes que sumar todos los gastos de la compra, como notarios, impuestos, registros... También hay que sumar al precio de compra o restar al precio de venta los gastos de mantenimiento la vivienda. En este apartado tendrás gastos de comunidad, obras que hayas tenido que realizar, seguros que hayas pagado...

Hay personas que adquieren un inmueble dando una entrada e hipotecando el resto. Luego lo alquilan para generar un ingreso que vaya pagando la hipoteca. Para calcular la rentabilidad anual que les está dando el inmueble, hay que restar a ese alquiler todos los gastos anuales asociados a la vivienda, y además los intereses de la hipoteca.

Con lo que te he comentado en este apartado, lo que quiero es que calcules, antes de decidir invertir en la compra de un inmueble, la rentabilidad que obtendrías y compararla con la que ese mismo dinero te daría si lo invirtieses en acciones de una compañía sólida. Es cuestión de hacer cálculos y no dejarse llevar por las modas. Durante el ciclo monetario de un país puede ser más interesante una inversión u otra según el interés de los préstamos hipotecarios, los índices bursátiles, las trayectorias de las compañías o tu plazo de inversión...

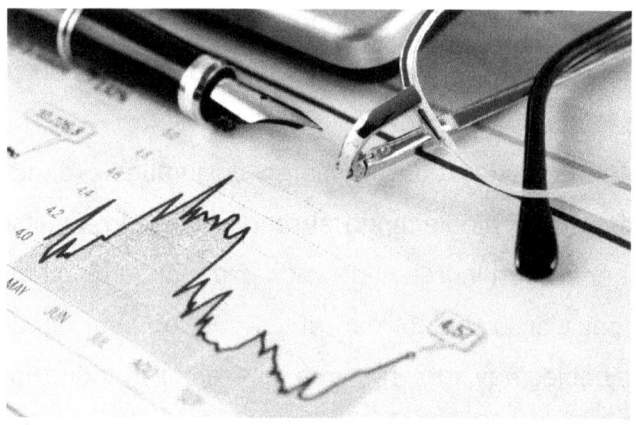

Acciones cotizadas en bolsa: Este tipo de inversión ha sido siempre como un tema tabú para las personas que no tienen mucho conocimiento de la materia. Pero esto está cambiando. Ahora hay multitud de páginas que nos ofrecen toda la información necesaria para afrontar este tipo inversiones. Las entidades financieras están informando mejor a sus clientes y las personas están cada vez más preocupadas por saber cómo funcionan sus inversiones y cómo llegar a los productos que les interesan. Si lo que quieres es una renta estable, quizá sea el tipo de inversión que más te interesa. Cotizar en bolsa tiene una seguridad y una transparencia que otro tipo de inversiones no tienen. Puedes diversificar tu inversión en varios activos y en un horizonte temporal amplio, lo cual te permite ir haciendo pequeñas inversiones en una empresa a lo largo de los meses o de los años. La liquidez inmediata también es un factor muy importante, ya que si necesitas dinero puedes vender las acciones y en una semana como máximo recuperar el dinero.

Las acciones quedarán depositadas en un banco, una sociedad o agencia de valores, lo que al inversor le ofrezca mayor seguridad para el cobro de la renta. Hay muchas empresas bien gestionadas que no han dejado de pagar dividendos ni un solo año desde hace décadas o siglos.

Acciones no cotizadas en bolsa: Invertir en estas empresas es más difícil que hacerlo en acciones cotizadas en bolsa, y por ello creo que debería estar reservado a inversores o analistas expertos, ya que es difícil entrar y salir del negocio. Normalmente, la inversión se realiza en empresas en fase inicial, lo cual implica que, si funcionan, la rentabilidad puede ser muy alta, pero si fracasan, la pérdida es mucho mayor.

***TRUCO DE AHORRO:** Revisa cada seis meses las tarifas que te están cobrando en todas las facturas de suministros de agua, gas, luz y telefonía. También comisiones bancarias y primas de seguros. Si te cobran algún concepto que no habías solicitado reclama. Compara también tarifas entre todos los distribuidores.*

RECUERDA:

Paso 1: Reconvierte en mensajes positivos tu relación con el dinero. Involucra a todos los miembros en las finanzas familiares. Sé positivo y aprovecha todas las oportunidades que se presenten.

Paso 2: Haz un presupuesto anual con todos los pagos que vas a tener. Una vez pasado cada mes, apunta en una columna paralela los gastos reales para ver la desviación que has tenido.

Paso 3: Haz un Excel o listado con todas las deudas que tienes pendientes, apuntando la entidad acreedora, la cuota, el capital pendiente y el interés. Ordena el listado de menor a mayor capital pendiente de pago. Utiliza el sistema Bola de Nieve para ir pagando deudas.

Paso 4: Crea un fondo de emergencia para no tener que endeudarte más cuando haya imprevistos en casa. Cuando hayas pagado tus deudas, crea un colchón financiero por si te quedas sin trabajo.

Paso 5: Estudia todos tus gastos minuciosamente, analiza los que puedes reducir o dar de baja. Estudia también los hábitos de consumo de toda la familia.

Paso 6: Cuando tengas excedente de dinero, después de haber reunido el fondo de emergencia y el colchón financiero, haz que este dinero trabaje para ti invirtiéndolo. Sigue las recomendaciones de este paso para escoger la inversión más adecuada a tu perfil.

Y por fin...

PASO 7

Al poseedor de las riquezas no le hace dichoso el tenerlas, sino el gastarlas, y no el gastarlas como quiera, sino el saberlas gastar.

Miguel de Cervantes

Libérate

Cuando llegues a este paso, libérate, habrás dejado atrás tus deudas o parte de ellas.

Has aprendido nuevas técnicas y conceptos, y lo más importante es que has tomado conciencia de lo que significa el dinero para ti. Recuerda que es un instrumento para conseguir tus objetivos y que debes saber gestionarlo. Recuerda que tienes que ahorrar para no endeudarte más. A partir de aquí, el camino que vas a recorrer es tuyo, pero es un camino más libre y, por tanto, mucho mejor. Aprende a decirte a ti mismo que no y también a los demás, todo es cuestión de práctica, incluso en tu presupuesto y en tu economía. Ahora ya tienes las claves para conseguirlo.

Acuérdate de la Regla Pareto, 20 % de trabajo para un 80% de beneficios.

El dinero es solo una herramienta. Te llevará donde quieras, pero no te reemplazará como el conductor de tu vida.

Ayn Rand

En beneficio de nuestro planeta y del medio ambiente recuerda consumir responsablemente. A la larga el planeta y tu bolsillo lo agradecerán.

Como pautas cuando vayas a comprar hazte las siguientes preguntas:

¿Necesito lo que voy a comprar? ¿Es un deseo que tengo o es una compra compulsiva? ¿Cuántos tengo ya? ¿Cuántas veces lo voy a usar? ¿Cuánto me va a durar? ¿Puedo pedirlo prestado? ¿Puedo pasar sin él? ¿Lo voy a tener que mantener yo mismo? ¿Tengo ganas de mantenerlo? ¿He buscado información para conseguir mejor calidad y menor precio? ¿Cómo me voy a deshacer de él cuando ya no lo necesite? ¿Está hecho con materiales reciclables? ¿Las materias primas que se usaron son renovables? ¿Cómo se ha realizado el producto?

La respuesta a estas preguntas debe tener en cuenta que para realizar un consumo responsable tendremos que cambiar un poco los hábitos de consumo, pero no será un gran cambio que necesite un gran esfuerzo.

¡!Adelante!¡

www.ingramcontent.com/pod-product-compliance
Lightning Source LLC
Chambersburg PA
CBHW050244220526
45465CB00002B/539